Reinhard Appel

# PACK DIE BADEHOSE EIN

## URLAUB IN DEN 50ER JAHREN

Wartberg Verlag

Fotonachweis:
Wartberg Archiv S. 4, 5, 8, 12, 19, 31, 33, 36; Georg Schmidt S. 6, 9, 17, 18, 23, 30, 34, 42, 43, 44, 45, 50, 51, 52, 53; Rudi Dix S. 7, 14, 15; Klaus Meier-Ude S. 11, 16, 22, 24, 25 o. und M., 28, 29, 32 u., 35, 38, 39, 40, 41, 48, 49, 60, 61 o., 62, 63; Hannes Kilian S. 13, 27, 46, 47, 54, 55, 56, 58, 59; Josef Greulich S. 20, 21; Erich Borrmann S. 26 o. und u. li.; Reinhard Appel S. 25 u., 26 u. re., 32 o., 61 u.; Pressedienst „Unterwegs“ S. 57; Stadtarchiv Dortmund S. 10.

1. Auflage 1997

Druck: Werbedruck Schreckhase, Spangenberg
Buchbinderische Verarbeitung: Hollmann, Darmstadt

34281 Gudensberg-Gleichen, Im Wiesental 1
Tel.: 05603/4451 u. 2030
ISBN 3-86134-381-9

# Vorwort

Die Wunden des Krieges waren Anfang der fünfziger Jahre noch nicht vernarbt, die Zerstörungen in den Städten noch nicht beseitigt, die Hitlerdiktatur in böser Erinnerung, aber in Westdeutschland und Westberlin gab es, unterstützt von den Westmächten, mit dem demokratisch gewählten Bundestag und der Bundesregierung in Bonn wieder eine rechtsstaatliche Ordnung. Die deutsche Mark erwies sich nach der Währungsreform von 1948 als eine harte Währung, und das Volk faßte wieder Vertrauen in eine hoffnungsvolle zukünftige Entwicklung. Zwar waren noch nicht alle Kriegsgefangenen heimgekehrt und die Vermißtenschicksale ungeklärt; Millionen Vertriebene und Flüchtlinge waren nur notdürftig untergebracht und über zwei Millionen Arbeitslose spiegelten die Schwierigkeiten der ersten Wiederaufbauphase wider. Dennoch, fünf, sechs Jahre nach Kriegsende war bereits Optimismus spürbar, jedenfalls in Westdeutschland und Westberlin. Der Ost-West-Gegensatz zwischen den Sowjets und den Westmächten spitzte sich im kalten Krieg gefährlich zu und verstärkte die Teilung Deutschlands. Aber nach den langen Jahren der Trauer und der Entbehrungen sehnten sich die Menschen nach Normalität, nach Lebensfreude, ja, eben auch nach unbeschwerten Ferien, nach Urlaub, und dafür boten die fünfziger Jahre erstmals wieder mehr und mehr Raum.

Die Schwarz-Weiß-Fotos aus dieser Zeit geben die Stimmungslage von damals auf vielsagende Weise wieder: die Gesichter der Menschen, ihre Kleidung, ihr Bedürfnis, endlich mal wieder auszuspannen, Neues zu sehen und zu erleben und Auto und Motorrad fahren zu können, in ein Flugzeug oder auf ein Schiff zu steigen, mal wieder ins Ausland reisen und die Kulturstätten Europas zu besuchen.

Diese Fotos erinnern uns daran, wie das Leben wieder anfing.

Wer die Zeit miterlebt hat, wird nachdenklich und – wie in einem alten Fotoalbum – Seite für Seite umblättern und nachempfinden, welchen Weg wir von damals bis heute zurückgelegt haben.

Es wird frühling

*Junge Hamburgerinnen vor dem Hapag Reisebüro am Jungfernstieg (links)*
„Endlich“, scheinen die erwartungsvollen Gesichter der jungen Hamburgerinnen vor dem Hapag Reisebüro am Jungfernstieg zu sagen, endlich scheint wieder die Sonne nach einer kalten und auch traurigen Zeit. Die Wintermäntel und die Handschuhe verraten zwar, daß die Sonnenstrahlen noch nicht durchdringend wärmen, aber die Zuversicht, daß der Frühling bald da ist, läßt sich am Mienenspiel der sehr jungen Damen ablesen, und vielleicht, vielleicht – mögen sie hinter den geschlossenen Augen träumen – können wir uns bald mit dem Reisebüro eine Fahrt zu zweit über die Grenzen nach Süden leisten.

*Sonnenbrillenstand am Elisenbrunnen in Aachen (oben)*
Ein Hauch von Luxus kehrt zurück. Die harte deutsche Mark, seit der Währungsreform vom 20. Juni 1948, kurbelt die Friedensindustrie an, und mit der Sonne sind auch wieder Sonnenbrillen für unterschiedliche Geschmäcker gefragt. Zufrieden betrachtet die schöne Blondine die Wirkung ihrer Wahl im Spiegel.

*Eines der ersten Kunststoff-Paddelboote in der Straßenbahn in Bremen (links)*
Kurios und liebenswürdig zugleich vermittelt das Bild die Einmaligkeit der frühen fünfziger Jahre. Das Paddelboot dürfte ein sehnsüchtiger Wunsch des Knaben gewesen sein. Aber wie kann er damit ohne Auto und sonstiges Transportmittel bis zur Weser kommen? Die Bremer Straßenbahn hatte offensichtlich Verständnis. Zwischen dem dankbaren Lächeln des sommerlich gekleideten Jungen gegenüber dem Schaffner und dessen Blick in die zufriedenen Kinderaugen entsteht ein aufschlußreiches Spannungsfeld, in dem der mutmaßliche Kriegsteilnehmer denken mag: Wie schön, daß sich der Junge auf einen friedlichen Sport freuen kann, und der Knirps mit seinen Gedanken schon im Paddelboot sitzt und kaum abwarten kann, daß für ihn die großen Ferien beginnen.

*Kauf der Ferienausrüstung in München (oben)*
Schnorcheln! Nicht mehr als ein möglichst unentdeckter Kampfschwimmer gegen den „Feind", sondern aus Neugierde und Freude an der Welt unter Wasser. Alles noch Einfachprodukte ohne Werbeaufdruck, sowohl die Taucherbrille und die froschbeinähnlichen Handschuhe als auch der simple Schnorchel, der nur das Tauchen knapp unter der Wasseroberfläche erlaubt; aber der sportliche Spaß dürfte damals nicht geringer gewesen sein, als ihn heute die luxuriösen Tauchgeräte bieten. Auch der „Tante-Emma-Sportladen", die Regale, die Kleidung geben wieder, wie provisorisch das Geschäftsleben nach dem Krieg anfing.

*Tramper in Hamburg (oben) und vor der Kulisse des Karwendelgebirges (rechts)*

Mit dem wirtschaftlichen Aufschwung kam auch die Motorisierung in Gang. Freilich konnten sich vorerst nur wenige ein Auto leisten, junge Menschen schon gar nicht. Auch war das Geld knapp. Enge Wohnverhältnisse der Nachkriegszeit verstärkten den Drang in die Ferne. Aus Amerika war das hitch hiking oder trampen (Auto anhalten, um mitgenommen zu werden) in Europa übernommen worden. Vor allem junge Leute machten davon ungeniert Gebrauch. Neid zwischen den Besitzenden und Nichtbesitzenden, den schon Motorisierten und den Noch-Fußgängern, kam nicht auf. Aus Kriegszeiten war noch das Empfinden einer solidarischen Notgemeinschaft vorhanden.

In Hamburg machen sich ein junger Mann und ein Pärchen Konkurrenz. Für wen mag sich der Fahrer entschieden haben? Oder weicht er aus? Das Bild läßt der Fantasie Raum.

Vor der Kulisse des Karwendelgebirges winkt ein zünftiger Pfadfinder mit Tornister und Gitarre einem Goliath-Fahrer zu, um mitgenommen zu werden. Die Chancen stehen wohl gut, denn der Fahrer steuert auf den Winkenden zu. Interessante Gespräche über das Ferienziel, das Herkommen und die Zukunftspläne verkürzen die Fahrzeit im Auto. Die Gitarre, wie ein Verkehrszeichen mit kräftiger Hand in die Luft gehoben, signalisiert gleichsam die Einladung zu einer musikalischen Unterhaltung und zu einem Gegenseitigkeitsgeschäft: Du nimmst mich in Deinem Auto mit, und ich spiele Dir, wenn Du willst, etwas auf meiner Gitarre vor. Ein Autoradio dürfte es noch nicht gegeben haben.

Schokolade

*Ferienexpress in Dortmund (oben)*
Fahren sie heim, fahren sie fort oder kommen sie gerade an? Das Bild läßt alle Möglichkeiten offen. Der Hotelboy, der zwei Damen den Koffer reicht (oder nimmt er ihn entgegen?), zeigt sein bestes Servicelächeln. Auch die anderen Menschen auf dem Bahnsteig sind durchweg froh gestimmt. Nur die gewölbte Dachkonstruktion der Bahnhofshalle, offensichtlich noch nicht wieder verglast, erinnert an den Krieg. Die Kleidung wirkt schon wieder gut bürgerlich. Der Herr mit dem Spazierstock, mit Schnauzbart und vornehmem Hut, trägt eine helle Krawatte und blickt mit freudiger Erwartung den Ferienexpress entlang.

*Kinder auf dem Weg ins Ferienlager auf dem Frankfurter Bahnhof (links)*
Ob die Kinder, die ins Ferienlager reisen, Heimweh haben werden? Ihre Gesichter zeigen eine leicht ängstliche Spannung. Wahrscheinlich haben sie viele Fragen: Ob wir uns mit den anderen Kindern vertragen werden, ob es genug zu essen geben wird, ob wir neue Spiele lernen werden, ob wir nachmittags schlafen müssen und ob wir Tiere zu sehen bekommen, die wir in der Stadt nicht kennen? Die Mütter freuen sich über die Abwechslung für die Kinder und hoffen, daß alles gut geht und nichts dazwischenkommt. Die Koffer stammen noch aus der Vorkriegszeit. Die Kleidung ist sommerlich einfach. Senkrecht unter dem „c“ der Schokoladenreklame an der Glasfront der Halle kann man mitten unter den Deutschen einen GI entdecken. In Frankfurt residierte noch das Hauptquartier der amerikanischen Besatzungsmacht.

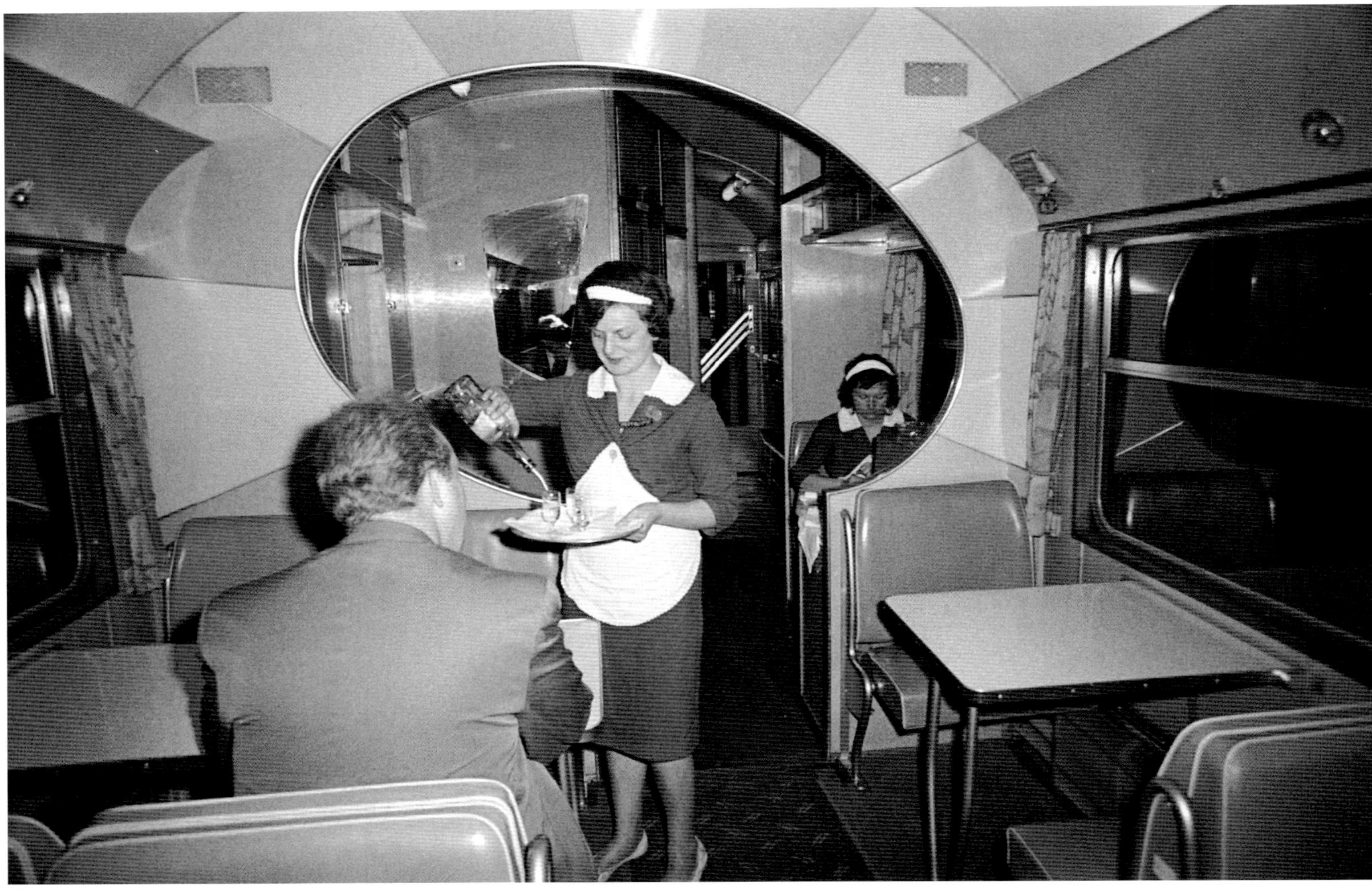

*Im Speisewagen des Interzonenzuges (oben)*

Zwei Stichworte, die sowohl die Fortentwicklung als auch die Bedrückung der fünfziger Jahre wiedergeben, denn einen Speisewagen gab es in den ersten Nachkriegsjahren allenfalls für die Besatzungsmächte. Der Interzonenzug, der zunächst nur zwischen Westdeutschland und Westberlin ohne Halt in der Sowjetzone verkehrte, war ein Kennzeichen der Teilung Deutschlands und des kalten Krieges. Nach der Rückerinnerung an überfüllte Eisenbahnzüge, Flüchtlingstrecks, abgenutzte Waggons nun wieder ein neu gestalteter Speisewagen wie in alten Zeiten; zwar noch in einfachster Machart, mit einem schwungvoll geschnittenen Durchgang und zwei appetitlich gekleideten Serviererinnen, die allerdings erst einen einsamen Gast zu bedienen haben. Der Wirtschaftsaufschwung war noch nicht in Sicht. Außerdem zögerten viele Deutsche, vor allem, wenn sie aus „der Zone" geflüchtet waren, den Interzonenzug zu benutzen, weil sie trotz gegenteiliger Versicherungen fürchteten, möglicherweise doch aus dem Zug geholt zu werden.

*Ägyptische Kellner im Wüstenexpress von Kairo nach Luxor (rechts)*

Für die fünfziger Jahre war es typisch, daß es einen meßbaren Zuwachs an persönlichem Wohlstand gab. Konrad Adenauer, der Bundeskanzler der Bundesrepublik Deutschland, hatte durch eine kluge Politik Westdeutschland Stück für Stück über das Petersberger Abkommen und die Pariser Verträge vom Besatzungsregime befreit und die Bindung an die Westmächte betrieben. Gleichzeitig setzte Wirtschaftsminister Prof. Ludwig Erhard die freie Marktwirtschaft mit sozialer Abfederung konsequent durch, was, verbunden mit dem Fleiß und Aufbauwillen der deutschen Arbeiter und Unternehmer, zu dem international bewerteten „Wirtschaftswunder" führte.

Beträchtliche Exporterfolge, eine begehrte harte D-Mark und die Eingliederung der Bundesrepublik in die westliche Gemeinschaft öffnete den Deutschen die Grenzen. Nach der „Freßwelle" stürzten sie sich in die „Reisewelle".

Standen Deutsche Anfang der vierziger Jahre noch als Panzersoldaten in Nordafrika, durften sie sich jetzt, wieder in Zivil, im vornehmen Wüstenexpress von Kairo nach Luxor vom ägyptischen Kellner im Speisewagen bedienen lassen. Die Ächtung und Isolierung nach dem Hitlerkrieg begann sich zu wenden.

F
AP9

*Seite 14/15: Der erste große Verkehrsstau Pfingsten 1957 auf der Salzburger Autobahn*
Das Auto, der Deutschen liebstes Kind, begann seinen Siegeszug auch in den fünfziger Jahren. Im August 1955 lief in Wolfsburg der millionste Volkswagen vom Band. Ein großer Teil der Produktion ging in den Export, aber über 500 000 Volkswagen rollten über Deutschlands Straßen. Das Standartmodell kostete rund 4 000 Mark. Der Bremer Ingenieur Carl Borgward bastelte das Volksauto Lloyd mit einer Karosserie aus Sperrholz. Ein Auto, auch als Ausdruck von Mobilität und Freiheit, wurde der Wunschtraum der meisten Deutschen. Das Bild zeigt den ersten großen Verkehrsstau Pfingsten 1957 auf der noch zweispurigen Autobahn München-Salzburg. Die Kinder auf der Autobahnbrücke bestaunen das Phänomen eines Staus und träumen wahrscheinlich davon, eines Tages auch selbst ein Fahrzeug steuern zu können. Deutschland wurde ein Land der Autobauer und Autonutzer.

*Eine junge Frau gepackt vom Reisefieber (links)*
Wohin kann man und wohin soll man fahren, wenn man die Chance hat, sich das Ziel selbst auszusuchen? Das Studium der Landkarte ist wie eine Entdeckungsreise in unentdeckte Weiten. Ein Glücksgefühl durchströmt sichtlich die junge, charmante Frau mit dem VW aus Frankfurt, weil ihr niemand etwas vorschreibt, sie antreibt oder sonstwie kujoniert. Sehr selbstbewußt wählt sie ihren Weg und das Ziel. Sie hat sich auf die neue, blitzblanke Stoßstange ihres Autos gesetzt. Daß sie Hosen trägt – früher verpönt – signalisiert den Beginn der Emanzipation.

*Die ganze Welt - auf der Kühlerhaube (oben)*
Ein nicht alltägliches Hobby hatte sich ein Bremer Motorsportler ausgedacht: Er sammelte Plaketten von Automobilclubs der ganzen Welt. Dicht nebeneinander sind sie auf der Kühlerhaube einer Isabella angebracht: insgesamt 85 Plaketten! Da sind chromglitzernde aus Southern India neben bunten Emailleschildern mit arabischen Schriftzeichen oder bronzenen Wappen aus Mexiko. Der Automobilclub von Japan fehlt ebensowenig wie der von Singapur, Tunis, Chile, Pakistan oder Kamerun, der mit einem weißen afrikanischen Elefantenkopf geschmückt ist.

AE 21-0391

*Goliath-Dreirad GD750, Mai 1951 (links)*
Eine friedliche Idylle. Der Mai ist gekommen und lädt zu einem Picknick im Freien mit der jungen Familie ein. Der Vater hat zwar noch nicht das Geld für einen Mercedes, Opel oder Ford verdient, aber immerhin für einen der zahlreichen Kleinwagentypen, die im Zeichen der Motorisierung angeboten werden: hier ein Goliath-Dreirad GD750. Der wirtschaftliche Aufschwung und die positiven Perspektiven erlauben auch die Gründung einer Familie. In den fünfziger Jahren wurden in Deutschland cum grano salis mehr Ehen geschlossen und mehr Kinder geboren als in den Jahren davor und danach. Die Lebensfreude und der Lebensmut wurden stärker. Nach den Jahren des Darbens gibt es alles wieder ohne Lebensmittelkarten zu kaufen, auch Wurst und Speck, Zwieback und Keks, Bohnenkaffee und Sahne. Dem Vater sind die Jahre der Entbehrungen noch anzusehen, aber er ist doch stolz, daß er seiner Familie etwas bieten kann: diesmal eine Wochenendtour zu einer Wiese mit einem Dorfteich im Hintergrund.

*DKW-Kombi (oben)*
Perfekte Wohnwagen wie heutzutage gab es in den fünfziger Jahren noch nicht, aber ein DKW-Kombi, während der Woche ein Geschäftswagen, läßt sich für die Fahrt ins Grüne nutzen. Tisch und Liegestühle, Notbett und Reiseproviant lassen sich bequem verstauen, um die Sommerfrische bestens zu genießen.
Der Mann verfolgt interessiert den Damenplausch beim Kaffee. Die Frau ist stolz, daß sie ihrer Gesprächspartnerin zeigen kann, wie weit sie es schon gebracht haben. Für die Töchter ist das eher langweilig. Sie sind schon in die neue Zeit hineingeboren. Die jüngste vergnügt sich am Bachbett mit einem Schiffchen, die ältere knüpft sich die Schuhe zu, um die Umgebung zu erkunden. Der Vater denkt vielleicht darüber nach, ob er das dicht bewachsene Grundstück am Wasser eines Tages kaufen und bebauen kann?

BR 483-428

*Seite 20/21: Am Rhein bei Monheim*
Wenn die Sommerabende lang sind und die Luft einladend warm ist, dann können die Autobesitzer ihre neu erworbene Mobilität ausnützen und mit Freunden oder Nachbarn, wie hier am Rhein bei Monheim, den Abend im Liegestuhl oder auf der Wiese sitzend bei einem Gespräch ausklingen lassen. Die vorüberziehenden Schiffe bilden einen Blickfang sowie die unbebaute Uferlandschaft. Die Bäume auf der gegenüberliegenden Seite des Flusses vermitteln sowohl den Eindruck ursprünglicher Natur als auch der Ruhe und Erholung von der Hektik der Stadt. Was mag heute, vierzig Jahre später, an dieser Stelle sein? Die Autodichte hat inzwischen so stark zugenommen, daß am Ufer sicher Parkverbote erlassen werden mußten. Kann der Rhein, wenn er über die Ufer tritt, noch frei in die Auen fließen? Die Idyllen in der Nähe von Städten sind weniger geworden.

*Touring-Reisebus in Frankfurt (oben)*
Parallel zur aufsteigenden Konjunktur bricht in Deutschland das Reisefieber aus. Wer sich noch kein eigenes Auto leisten kann, verreist mit dem Bus. Die Autoindustrie entdeckt die Marktnische und produziert Reisebusse, die auch für lange Strecken Bequemlichkeit und Service bieten. Hier wird ein neuer Touring-Reisebus in Frankfurt/Main als „Europabus" vorgestellt. Breite Scheiben nach allen Seiten und ein teilweise zu öffnendes Verdeck

ermöglichen eine gute Aussicht und sogar den Himmelsblick während der Fahrt. Ein Barschrank neben dem Fahrersitz bietet verschiedene Getränke, Wasserhahn und Kaffeekocher komplettieren das Serviceangebot.
Im Heck sind ein Waschbecken und die Toilette untergebracht. Millionen Deutsche, die im Krieg oder der unmittelbaren Nachkriegszeit nicht ins Ausland konnten, nutzen die Öffnung der Grenzen und besuchen die Feriengebiete und Kulturstätten Europas.

*Service im Reisebus (oben)*
Waren in den vorangegangenen Jahren Delikatessen und Alkoholika für die meisten Deutschen in der Zivilbevölkerung Mangelware, so gibt es nunmehr auch Spirituosen im Überfluß. Und es kommt der absatzsteigernde Slogan auf: Der Kunde ist König. Auch im Reisebus werden die Fahrgäste umworben. Ein Weinbrand soll die Stimmung heben und der Reisende möge weitersagen, wie freundlich er von der adrett uniformierten Schaffnerin bedient worden ist. Luxoriöse, mit Leder eingefaßte Sitze vermitteln Komfort. Reisen soll wieder Spaß machen.

*Flughafen Frankfurt/Main*
Der Flughafen, inzwischen größte Luftbasis in Mitteleuropa, war vom Kriegsende 1945 bis in die fünfziger Jahre hinein ein rein amerikanischer Militärflughafen, den US-Fluggesellschaften auch zum Transport von Armeeangehörigen nutzten. Anfang des fünften Jahrzehnts konnten Dank der Westpolitik Adenauers auch mehr und mehr Deutsche nach Amerika fliegen und wurden als Verbündete des Antikommunismus willkommen geheißen. Die deutsche Lufthansa durfte noch nicht wieder gegründet, geschweige denn deutsche Flugzeuge gebaut werden, aber auch das änderte sich noch in den fünfziger Jahren. Die „Lufthansa" durfte 1955 wieder starten. Alle Beschränkungen wurden aufgehoben. Und der Frankfurter Flughafen spielte für die Aufwärtsentwicklung der Flugindustrie eine zentrale Rolle. Der nostalgische Rückblick auf die Gegebenheiten von damals macht deutlich, welche Strecke wir im Reisetourismus inzwischen zurückgelegt haben.

*Amerikaner laden Deutsche in ihr Land ein (unten rechts)*
Die Nachkriegsverhältnisse, die aus ehemaligen Feinden und Kriegsgegnern Verbündete werden ließ, führte auch zu Einladungen der Amerikaner an die Deutschen. Sie sollen an Ort und Stelle das Regierungssystem, die

Wirtschafts- und Lebenspraxis und vor allem die Amerikaner selbst kennenlernen. Im Sommer 1957 reisen zwei Bonner Journalisten sechs Wochen lang durch die USA, von Ost nach West und von Süd nach Nord. Der Strohhut und die Fahne sind Erinnerungen an ein neu entdecktes, faszinierendes Land.

FRISIA
BN 24-3630

A.G.Re
-Frisia

*Norddeich – Anlegestelle, Fähre nach Juist (links oben und außen)*
Die Autos wirken plump, die Kleidung eher robust als elegant, aber es geht wieder los. Die Ferieninsel Juist nimmt wieder Gäste auf, und die Fähren, wie hier die „Frisia“ im Hafen von Norddeich, werden größer und verkehren häufiger. Die Währungsreform von 1948, die am 20. Juni jedem Deutschen unterschiedslos 40 von der neuen deutschen Mark bescherte und eine Grundlage für den späteren wirtschaftlichen Erfolg darstellte, hat die Verschiedenheit der Menschen dennoch nicht egalisiert. Ungleiche Vermögens- und Besitzverhältnisse, Unterschiede in der Leistungsfähigkeit und Leistungsbereitschaft, andersartige örtliche Voraussetzungen und Arbeitsmöglichkeiten schaffen bald wieder Unterschiede zwischen ärmeren und reicheren Reisenden. Die einen können sich mit dem Mercedes bis zur Fähre fahren lassen, andere, zwei Mütter und ihre Kinder, warten mit ihrem umfangreichen Feriengepäck auf den allgemeinen Bus.

*Sommerurlaub auf Norderney (links innen)*
Die Seebäder, wie hier auf Norderney, wollen ihren Gästen inzwischen den beschwerlichen Weg durch den weichen Sandstrand erleichtern und haben einen Brettersteg bis zu den Strandkörben gebaut. Der Vater des Jungen hat schon eine Amerikareise hinter sich und aus New Mexico einen Strohhut mitgebracht. Der Junge läuft vorsichtig über den Steg, um Holzsplitter in den Fußsohlen zu vermeiden. Wahrscheinlich denkt er darüber nach, was es wohl am Abend zum Essen gibt. Sicher ahnt er nicht, daß er Jura studieren und einmal Staatssekretär werden wird.

*Spanien – Barcelona, Schiff des Columbus, 1954*
Das Schiff des Columbus im Hafen von Barcelona, vom Meisterfotografen Hannes Kilian aufgenommen, symbolisiert gleichsam den neuen Entdeckungsdrang und die Reiselust der Deutschen im Jahr 1954. Sich stabilisierende politische und wirtschaftliche Verhältnisse heben das Selbstbewußtsein der gedemütigten Deutschen. Die ersten Deutschen entdeckten die Schönheiten von Marbella und Mallorca, und sie entdeckten in Barcelona am Hafen das Schiffahrtsmuseum, die Rambla und die Museen von Pablo Picasso und Joan Miró.

*Kleines Fährboot auf dem Rhein (oben)*

Auch die kurze Reise, wie hier mit einem kleinen Fährboot auf dem Rhein zur Pfalz Grafenstein (Kaub – jene Stelle, an der Marschall Blücher 1870 beim deutsch-französischen Krieg mit seinen Truppen über den Rhein ging) hat ihre Reize, wenn die Zeit und das nötige Geld für eine weite Reise noch fehlen. Das Paar auf der „Rheingold" blickt zufrieden in die Sommersonne. Die junge Frau hat sich appetitlich gekleidet und das Kopftuch keck gebunden, damit die blonden Locken sichtbar bleiben. Das sommerliche Kleid mit dem Gürtel um die schlanke Taille betont die jugendliche Figur. Am Bug, vor dem Steuermann, kann man beobachten, wie der Schiffsrumpf das Wasser teilt. Einem Kind wurde ein Sonntagswunsch erfüllt. „Mama, Papa, können wir nicht mal wieder Bötchen fahren?"

*Auf dem Loreley-Felsen, 1959 (rechts)*

Die beiden jungen Mädchen, die im Sommer 1959 auf dem Loreley-Felsen zum Rhein hinunterblicken, sind mit Sicherheit keine Sirenen, jene Fabelwesen, vor denen Odysseus warnte, weil sie mit ihrem betörenden Gesang die Seeleute anlockten, um sie dann zu töten. Aber die Sirenensage bildete die Grundlage für das „Märchen aus alten Zeiten" von der „Lore-Lay der Zauberin" von Clemens von Brentano (übrigens frei erfunden), welches den Felsen schließlich weltberühmt machte. Populär wurde die Loreley freilich erst durch Heinrich Heines Gedicht, „ich weiß nicht, was soll es bedeuten, daß ich so traurig bin ..." mit der von Friedrich Silcher volkstümlich romantischen Vertonung, die bis nach Asien (vor allem in Japan) als typisch deutsches Liedgut gilt, dort auch als freundliche Geste vorgesungen wird, sobald man auf einen Deutschen trifft. Nach Heinrich Heines Text kann die Loreley nur blond und ihr Haar muß gelockt sein („... sie kömmt ihr goldenes Haar"), um ihre verführerische Irritation auf die Schiffer in der wirklich gefährlichen und deshalb nur mit einem Lotsen befahrbaren Flußkurve auszuüben. Im gegenüberliegenden St. Goar findet alljährlich unter den jungen Schönen der Umgebung eine Wahl zur „Loreley des Jahres" statt, die an die Sage stets erinnern und für den Fremdenverkehr und den Rheingau werben soll. Schwarzhaarige – wie die rechte Dame auf dem Bild – müßten allerdings eine Perücke tragen.

Auf dem Felsenplateau finden im Sommer internationale Jugendbegegnungen und Rockkonzerte statt.

Der Ausblick vom Felsplateau ist erregend schön.

Zimmer
frei!

*Am Königsee, August 1949*
Eine angsteinflößende Reklame hat sich da ein Gastwirt in den bayerischen Alpen am Königsee, einem der schönsten Seen Deutschlands, ausgedacht, um wie früher für ein freies Zimmer zu werben. Auf Kinder dürfte der zähnefletschende ausgestopfte Bär nicht gerade einladend wirken, aber vielleicht stammt das Raubtier noch aus der Vorkriegszeit, als man speziell Jäger anlocken wollte. In den ersten Jahren nach dem Krieg war die Jagd nur für Förster mit Genehmigung der Besatzungsmacht erlaubt. Als das Bild 1949 entstand, konnten die Gäste die herrliche Umgebung des Sees genießen und am Westufer die Wallfahrtskirche St. Bartholomä besuchen.

*Hotelpage im „Koblenzer Hof" in Koblenz (oben)*
Dieser Schnappschuß, der einen kindlich-spielerischen Hotelpagen im „Koblenzer Hof" in Koblenz erfaßt, gibt in vielen Details das Leben in den fünfziger Jahren wieder. Die einfache Holzkonstruktion der Schrankwand, die klobigen Zimmerschlüssel, das altertümliche Wandtelefon mit der sicher sehr lauten Klingelanlage, der eiserne Aschenbecher und dann der Page, der wohl mit seinen jungen Jahren vertretungsweise an der Rezeption sitzt und konzentriert eine Eintragung vornimmt, als ob ihm das Schreiben Mühe bereitet. Noch ist nichts automatisiert.
Inzwischen gibt es in der historischen Stadt Koblenz, in der die Mosel in den Rhein fließt und in der zahlreiche Behörden und Institutionen beheimatet sind, zwar keinen „Koblenzer Hof" mehr, aber über ein Dutzend, auch luxuriöse Hotels und Gasthöfe, die an Modernität den Häusern anderer Städte nicht nachstehen.

Königswinter
STUTTGARTER ZEITUNG
D 1214

*Beilstein an der Mosel (links unten)*
Die zauberhafte Kulisse von Beilstein diente in Film und Fernsehen oft schon als idyllischer Hintergrund. Zahlreiche Fachwerkhäuser, schmale steile Gassen, die zu den Weinbergen führen, die alte, inzwischen als Versammlungsort wieder nutzbar gemachte Klosterkirche am Marktplatz im Dorfzentrum, das Karmeliter-Kloster auf der Höhe, über eine malerische Treppe mit 108 Stufen erreichbar, die einfache Auto- und Personenfähre, die damals noch mit Seilen und Ketten von der einen zur anderen Uferseite über die flache Mosel gezogen wurde; alles fügt sich zusammen zu einem verträumt wirkenden Kunstwerk.
Das Foto zeigt das Wärterhäuschen mit der handbetriebenen Holzfähre. Zwei Motorroller vom „Vespa"-Typ, die für die fünfziger Jahre typisch sind, werden transportiert. Sie gehören sicher den jungen Leuten, die dabei stehen. Im Hintergrund sind die Weinberge zu sehen, auf denen ein vorzüglicher Riesling wächst.

*Flug über das Siebengebirge (links oben)*
Daß Mogelfotos auch mit schmunzelnder Ironie geschossen werden können, zeigt der „Flug über das Siebengebirge" bei Bonn. Das Bonner Büro der „Stuttgarter Zeitung", das der Texter dieses Buches leitete, machte einen Betriebsausflug nach Königswinter und vergnügte sich bei diesem Scheinflug im Stehen hinter der Attrappe, auf der die alte Rheinfähre aus den fünfziger Jahren zu sehen ist, mit der Adenauer sich täglich von Rhöndorf nach Bonn und zurück bringen ließ.

*Am Niederrhein bei Düsseldorf (oben)*
Gedankenversunken blickt das junge Paar an einem Sommerabend nach der Arbeit auf den gemächlich dahinfließenden Rhein bei Düsseldorf. Das Motorrad aus der Produktion der fünfziger Jahre scheint ihre neueste Errungenschaft zu sein. Es blinkt und blitzt wie auf der Jungfernfahrt. Was ist das nächste Ziel? Wie mag es weitergehen? Sind sie schon verheiratet? Er blickt zufrieden und hält genüßlich eine Zigarette in der Hand. Ihr Gesichtsausdruck wirkt eher unsicher und fragend. Ob alle Wünsche in Erfüllung gehen werden?
Das Niedrigwasser des Rheins erlaubte es, dicht ans Ufer zu fahren, so daß man das kontinuierliche leise Flußrauschen hören kann, ohne in seiner Nachdenklichkeit gestört zu werden.

*Radtour in Bremen (oben)*

Die Zeiten, in denen eine schnell zu begeisternde Jugend nur in staatlich verordneten Organisationen und als Pimpfe in Uniformen mit dem Hakenkreuz Hitlers „auf Fahrt“ gehen konnten, sind Gottlob vorbei. Kein Jungzug- oder Fähnleinführer schreibt mehr vor, wie man gefälligst zu denken und wen man zu hassen und zu lieben hat, und ein Zeltlager in der Natur wird auch nicht mehr zur Wehrertüchtigung ausgenutzt.

Die Eltern der drei Jungen auf den Fahrrädern werden von ihren Erfahrungen erzählt und sie ermuntert haben, sich die Welt ohne staatliche Vormundschaft zu erobern. Die Sonne strahlt und wirft Schatten. Für kühlere Stunden sind warme Sachen im Rucksack. Ein Blick und ein Handgruß zu den Eltern und dann feste in die Pedale getreten, um rasch zum Ziel zu kommen.

„Wir wollen zu Land ausfahren über die Fluren weit, aufwärts zu den klaren Gipfeln der Einsamkeit. Woll'n lauschen, woher der Sturmwind braust, woll'n schauen, was hinter den Bergen haust, und wie die Welt so weit... und wie die Welt so weit...“

*Camping-Verkaufsausstellung am Mainufer (rechts)*

Das Zelt, vorzeitlich eine transportable Behausung nomadischer Viehzüchter, dann auch als vorübergehender Biwak von ruhenden Truppenteilen, Bergsteigern oder Forschungsex-

peditionen genutzt, wurde nach dem Ersten Weltkrieg von der Jugendbewegung als Gemeinschaftslager entdeckt. Nach dem Zweiten Weltkrieg, als es in den fünfziger Jahren noch nicht genügend Hotels oder ausreichend preiswerte Gasthöfe gab, fand 1954 am Mainufer bei Frankfurt eine Verkaufsausstellung für Zelte statt, sozusagen als Vorläufer heutiger Camping-Messen.
Kritisch wie ein Exfeldwebel und scheinbar erfahren prüft der Familienvorstand, die Hände auf die Knie gestützt, Höhe und Standfestigkeit des Spitz-Zelt-Angebots für 228,– DM. Ehefrau und Tochter beäugen skeptisch das kleine Schlafzelt. Auf dem kleinen Raum sollen wir zu dritt nächtigen?

*Camping in Koblenz am Rhein*
Wenige Jahre später, hier ein Campingplatz in Koblenz. Die Zelte sind schon größer und bereits mit Luft- und Aussichtsklappen versehen. Zwischen den Zelten ist noch viel Platz. Camping, heute für Hunderttausende die adäquate Freizeit- und Urlaubsgestaltung, steckt noch in den Anfängen. Am Rheinufer sind einige Männer in Badehose zu sehen, denn in den fünfziger Jahren, als die Industrialisierung mit ihren Abwässerproblemen noch nicht so weit fortgeschritten war, konnte man in Deutschlands größtem Strom noch schwimmen. Wer mutig war, ließ sich von einem Schlepperkahn stromaufwärts mitziehen, um dann stromabwärts ohne Mühe zurückzugleiten.

*Atempause am „Deutschen Eck“*
Zwei junge Frauen suchen unterhalb des Deutschen Ecks an einem offensichtlich heißen Sommertag neben ihrem schattenspendenden Auto Entspannung. Ob sie an dieser Stelle auch Gedanken über die Geschichte dieser ehemals monumentalen Kaiserverehrung verschwendet haben, ist nicht bekannt. Die Heiterkeit der einen Dame und das Löffeln der Suppe der anderen sprechen für andere Interessen auf diesem unorganisiert wirkenden Zelt- und Campingplatz. Die wehenden Fahnen zeigen an, daß man ein Fest an dem Zusammenfluß von Mosel und Rhein erwartet. Auf dem Denkmalsockel über der klassizistischen Pfeilerhalle weht die schwarz-rot-goldene Bundesfahne. Nachdem das 1897 errichtete Reiterstandbild vom Reichsvollender Kaiser Wilhelm I. 1945 durch amerikanischen Artilleriebeschuß vom Sockel gebrochen war, hatte man sich nach jahrelangem Streit 1953 dafür entschieden, den erhaltenen Sockelbau zum „Mahnmal der deutschen Einheit“ zu erklären. Nach der Wiedervereinigung setzten Nostalgiker in privater Initiative 1993 mit eigenem Geld die Rekonstruktion des Denkmals durch.

*Camping am Rheinufer, 1959*

Perfekt organisierte Campingplätze gab es in den fünfziger Jahren noch nicht. Wo Platz war und wo es einem gefiel, wie hier am geschichtsträchtigen Rheinufer, stellte man einfach sein Auto ab und zeltete. Auf der Edelkarosse unseres Bildes ist bereits ein Gepäckaufbau montiert, um Matratzen zu transportieren, denn man will auch im Zelt möglichst weich liegen. Die Dachkonstruktion des Nachkriegswagens ist so stabil, daß auch ein kräftig gebauter Mann risikolos draufsteigen kann, um die Befestigung vom Gepäck zu lösen.

*Besitzer eines Lloyd-Autos fotografiert seine Kinder vor dem Ratzeburger Dom, 1953*

Stolz fotografiert der Vater seine beiden Kinder, die aus dem geöffneten Verdeck des Lloyd-Autos, auch „Leukoplastbomber" genannt, am Ratzeburger See freundlich in die Kamera winken. Die Großeltern sollen sich an den Enkeln und dem ersten Auto mitfreuen. Das Auto ist so plaziert, daß man im Hintergrund den romanischen Backsteinbau des evangelischen Doms von Ratzeburg, eine gewölbte Pfeilerbasilika, erkennen kann, die 1170–1220 errichtet wurde. Die Altstadt liegt auf einer Insel im Ratzeburger See mit steilen, meist bewaldeten Hängen. Die Sonne steht bei dieser Momentaufnahme im Zenit und wirft kaum Schatten. Der Vater schwitzt und hat vor lauter Aufregung über die Jungfernfahrt seinen Hosengürtel hinten nicht durch die Schlaufen gezogen. Hauptsache, er kann sagen: Kinder freut euch des Lebens, es geht vorwärts.

*Badestrand in Niendorf/Ostsee, 1958*
Die Strandkörbe in Niendorf an der Ostsee bei Timmendorf erwecken 1958 schon den Eindruck von Massentourismus. Für einen Federballwechsel der beiden jungen Frauen bleibt gerade noch Platz im weichen, gelben Sandstrand. Man muß etwas für die Figur tun, denn verführerischerweise gibt es wieder alles zu essen, was der Gaumen begehrt, auch Süßigkeiten und Alkoholika. Der Badeanzug ist noch züchtig einteilig. Wer sich keinen Strandkorb leisten kann, setzt sich zum Sonnenschutz in einen überdachten Liegestuhl. Wird der Sommer neue Kontakte bringen?

Auch ein einteiliger Badeanzug kann schick sein. Und eine Frau, die Charme besitzt und gewinnend lächeln kann, wird nicht einsam bleiben. Wem wird sie den Ball zuwerfen? Sie will spielen. Unbeschwert strahlt sie den Fotografen (die Fotografin) an. Hast Du Lust, den Ball zu fangen? Die Partie kann beginnen!

*Helgoland 1959 (S. 42–45)*

In Helgoland gibt es keine Autos, keine Fahrräder, keinen Zoll und keine Mücken!

Jedes Haus, vom Kurhotel bis zur Hummerbude hat fließendes warmes Wasser – Tag und Nacht. Die ganze Insel wird zentral geheizt. Im Winter wie im Sommer kann man in ein geheiztes Meerwasser-Schwimmbecken steigen.

Helgoland wurde zum modernsten Kurort Deutschlands: Kein Ort ist in und nach dem Krieg so restlos zerstört worden wie Helgoland!

Seit dem 1. März 1952 durften die Helgoländer wieder auf ihre Insel zurückkehren. Für die ersten 5 Jahre waren nur „echte" Helgoländer zugelassen!

Erst zwei Jahre nach dem Krieg hatten die Engländer die gewaltigen U-Bootbunker gesprengt – die Insel sah aus, als wäre sie von einer Riesenfaust getroffen worden ... Fünf Jahre lang waren dann die Bomben auf Helgoland abgeworfen worden – als Übungsziel, wie es hieß ...

Hier sind die „Heuschnupfler" vor den Gräsern und Pollen sicher! Im Winter herrscht ein ozeanisches Klima.

Jeder Helgoländer hat zwei Betten: eines für sich und eines für einen Gast.

Es gibt Sommertage, an denen 3–4 Festlandpiraten auf jeden Kopf der Insulaner fallen. Das bereitet ihnen jedoch keine Kopfschmerzen! Im Gegenteil: Sie freuen sich! Denn der Umsatz steigt! Nicht nur, daß die Festlandpiraten Unmengen Grogs auf der Insel vernichten. Nein, sie schleppen eifrig wie die Ameisen jeder ein paar Fläschchen mit – denn alles ist zollfrei!

UNVERZOLLT
NINA RICCI
Damen
Salon L. Müller
Herren
4711
Unverzollt
UNVERZOLLT

HAUS ROLAND

*Siesta*
Das Meer ist nirgendwo gleich. Das Wasser, seine Färbung, der Wellengang, der Sand, die Muscheln, alles ist stets mehr oder weniger anders. Die Neugierde als Triebfeder, Unbekanntes zu entdecken, führte den Pfadfinder unter den Fotografen, Hannes Kilian, frühzeitig in den fünfziger Jahren nach Spanien. Wie verbringen andere Völker ihre Freizeit, ihren Urlaub? Mit einem Schnappschuß erfaßte er diese Siesta-Szene. Ein Familien- oder Freundeskreis auf Klappstühlen unter einem Sonnenschirm, direkt am Meeresstrand um einen Tisch versammelt, der kenntnisreich so plaziert ist, daß das Wasser nicht bis zu den Füßen kommt. Die salzige Luft und das Rauschen der Wellen begleiten die Unterhaltung. Kein Schloß am Meer kann Schöneres bieten.

*Vorbote*

Das spanische Dorf hat 1954 noch keinen Fischer- oder gar Jachthafen. Nach der Fahrt werden die Boote mit den Händen auf den steinigen Strand gezogen. Erst nachts werden sie wieder zum Fischfang zu Wasser gelassen. Auslandstouristen sind noch nicht auszumachen. Der Mercedes im Vordergrund des Bildes wirkt wie ein Vorbote späterer Reisebusse aus Deutschland – dann folgen die Hotels – dann die Strandliegen gegen Miete, dann irgendwann vielleicht auch ein Bootshafen für die Yachten und Ruderboote und möglicherweise auch eine Nische für die Fischer. Nicht jeder Fortschritt ist für alle ein Schritt nach vorn.

*Vor dem Betreten des Kaisersaals im Frankfurter Römer, 1955 (links)*
Eine jugendliche Besuchergruppe im Kaisersaal des Frankfurter Römers. Der Kaisersaal enthält die lebensgroßen Gemälde aller deutschen Kaiser. Viele Jugendliche verfolgen die Erläuterungen interessiert mit offenem Mund.

*Links unten:* Um den empfindlichen Fußboden bei den Massenbesuchen nicht zu beschädigen, kann man den Kaisersaal nur mit Filzpantoffeln betreten.

*Deutsche wieder im Louvre, 1960 (oben)*
Durch die deutsch-alliierten Verträge von 1955 zur Wiederherstellung der Souveränität, die über die Europäische Wirtschaftsgemeinschaft (EWG) und vor allem durch den Ausbau des deutsch-französischen Bündnisses, nach langer deutsch-französischer „Erbfeindschaft", waren die Deutschen auch in Paris wieder herzlich willkommen. Die Grenzen öffneten sich. Zwei Museumswächter des Louvre warten lässig auf Besucher. Die deutsche Touristin staunt offenbar darüber, daß man während des Dienstes in Uniform die Hände in die Hosentaschen stecken darf.

*Rimini – fest in deutscher Hand (oben)*
Lange Zeit waren Auslandsreisen ein Vorzug privilegierter Minderheiten, aber mit dem Fortschreiten der industriellen Massengesellschaft wächst nach dem Zweiten Weltkrieg auch die Touristik zu einem neuen, immer breiteren Wirtschaftszweig. In Deutschland bricht das Reisefieber vorwiegend in Richtung Süden aus, der Sonne entgegen. Rimini, so heißt es bald, ist „fest in deutscher Hand“. Das Ausland stellt sich auf die deutschen Ferienreisenden ein und wirbt, wie auf dem Bild, mit deutschen Gerichten in deutscher Sprache.

*Erinnerungsfoto am Schiefen Turm von Pisa, 1959 (rechts)*
Die Reisewelle erfaßt nicht nur Vergnügungs- und Erholungsreisende, sondern auch Bildungshungrige. Wachsende Einkommen und vermehrte Freizeit erlauben immer mehr Deutschen den Besuch von Kulturstätten wie das toscanische Pisa, schon vor Christus ein römischer Stützpunkt und im Mittelalter eine bedeutende Seemacht.
Natürlich muß die Gelegenheit genutzt und der Schiefe Turm der Stadt nicht nur besichtigt, sondern als Dokument mit historischer Kulisse geknipst werden.

HB-ED 223

OPATIJA

*In Opatija (Jugoslawien) bietet ein Zeichner seine Künste an (links)*
Obwohl in den fünfziger Jahren, wegen der staatlichen Anerkennung der damaligen DDR, keine diplomatischen Beziehungen zwischen Jugoslawien und der Bundesrepublik Deutschland bestanden, konnten Bundesbürger mit ihrer begehrten DM, wie der Bremer Fotograf Georg Schmidt, mit dem Wagen in das vielbesuchte Seebad Opatija fahren, ein Villenvorort von Rijeka. Jugoslawien hatte sich unter Führung des kommunistischen Staatspräsidenten, Marschalls und Widerstandskämpfers Tito 1948 geweigert, den Machtanspruch Stalins anzuerkennen und war aus dem Ostblock ausgeschieden.
Der Fremdenverkehr wurde für Jugoslawien fortan eine unverzichtbare Devisenquelle. Das kroatische Opatija, wo das Bild entstand, ist ein heilklimatischer Kurort mit subtropischen Pflanzen und einem berühmten Benediktinerkloster. Der frühere österreichische Kaiser besaß dort die Villa Angelina. Ein jugoslawischer Zeichner hält auf seinem Block den deutschen Besuch mit der Frau des Fotografen fest und erwartet für seine Fertigkeit 200 Dinar. Ob die Zeichnung gekauft wurde, ist nicht überliefert. Ein jugoslawischer Junge kontrolliert, ob Zeichnung und Realität übereinstimmen.

*Fotograf mit Haifisch-Attrappe in Crikrenica – Jugoslawien (oben)*
Die Kommerzialisierung des Fremdenverkehrs mit Nippes, billigen Andenken und Angeboten für erlebnishungrige Schaulustige treibt ihre Blüten. In den fünfziger Jahren hatte es im jugoslawischen Küstenort Crikrenica an der Adria einen tödlichen Unfall gegeben. Ein Hai hatte einen badenden Urlauber erfaßt und so blutig gebissen, daß er starb. Nun treibt man im Ort mit dem Entsetzen Spott und stellt eine Haifisch-Attrappe in der Nähe des Unfallortes auf, um fotografisch für die Freunde und Nachbarn festzuhalten, in welche gefährlichen Urlaubsgebiete man sich vorgewagt hat. Die Betrachter sollen möglichst eine Gänsehaut bekommen. Ob das eine geeignete Werbung war?

*Kamelritt bei Gizeh (oben)*
Gizeh, die ägyptische Provinzstadt, am westlichen Nilufer auf der Linie Kairo-Assuan gelegen, diente den Mamelucken (ursprünglich türkische Sklaven, die bald Herrscher des Landes wurden) als Sommerfrische und ist durch drei Pyramidenanlagen aus der Mitte des dritten Jahrtausends vor Christus berühmt geworden. Der deutsche Fotograf Kilian, stets neugierig auf Exotisches, verschaffte sich als einer der ersten Deutschen ein Visum für eine Fotoexpedition in die Wüste und hielt touristische Kamelreiter am Rande der Stadt auf dem Weg zu den Pyramiden fest. Inzwischen sind Hannes Kilian viele tausende Deutsche auf seinem Weg nach Gizeh gefolgt.

*Vor der Cheops-Pyramide (rechts)*
Die junge Dame aus Deutschland hat keine Angst vor hohen Tieren. Die Aussicht vom Kamelsattel dürfte einem Sitzplatz oben in einem Doppeldeckerbus entsprechen. Freilich lange nicht ausreichend, um über das eindrucksvolle Gebäude der Pyramide zu sehen. Den ägyptischen Kameltreiber interessiert nur der Mietbeitrag und das Trinkgeld. Die Dame auf der Erde – die Schwester? – blickt verwundert zur mutigen Reiterin hinauf und scheint ihr zuzurufen: „Paß auf, daß Du nicht herunterfällst.“

KARNAK I

*Eine Segelpartie auf dem Nil, von Assuan zu den Kitchener Inseln*
Die Reiseziele werden immer weiter gesteckt. Deutsche Exporterfolge, auch im Nahen Osten, ermöglichen Segelausflüge in Gruppen auf dem Nil, wie das Bild zeigt. Das Interesse an Welterfahrungen, an Menschen, Landschaften anderer Länder und anderen Kulturen nimmt in Deutschland in den fünfziger Jahren zu und kann inzwischen auch befriedigt werden. Die Boote und das Segeltuch auf unserem Bild könnten auch aus früheren Jahrhunderten stammen, was das Empfinden stärkt, sich auf eine Abenteuerreise im sagenumwobenen Ägypten zu befinden.

*Die Sphinx von Gizeh (oben)*
Die Sphinx von Gizeh gehört zu den architektonischen Weltwundern, die man an den Fingern einer Hand abzählen kann.
Drei junge Damen bewundern die Sphinx und machen sich vielleicht Gedanken darüber, welcher Geist und welche Erwartung hinter dem Willen gesteckt haben mag, ein derartiges Bauwerk zu planen und zu realisieren.

*Rhodos: Volkstanz in Embonas (links)*
Das geschichtsträchtige griechische Rhodos, 1943–45 von deutschen Truppen besetzt, heißt deutsche Urlauber in den fünfziger Jahren wieder willkommen. In Embonas, einem kleinen Städtchen auf der Westseite der Insel, tanzen zwei Männer an einem milden Sommerabend in heimatlicher Tracht und zünftigen Schaftstiefeln einen Volkstanz. Die internationale Schar der Touristen verfolgt amüsiert und konzentriert die rhythmische Musik und den temperamentvollen Tanz. Die Sorgen von daheim sind vergessen oder mindestens momentan verdrängt.

*Bei Novi Sad, 1953 (oben)*
Novi Sad, deutsch Neusatz, ist die Hauptstadt der autonomen Provinz Wojwodina innerhalb Serbiens. Unser Bild zeigt fünf Jungen, die der Dame aus dem Westen bewundernd zulachen. Sie ist sich ihrer Attraktivität bewußt und stellt sich theatralisch und selbstbewußt in Pose, um sich mit ihrem großen Strohhut von vorn bewundern und von hinten taillenbewußt in schwarzem Hosenanzug (im Hochsommer!) ablichten zu lassen.

Der Krieg ist inzwischen 13 Jahre vorbei. Die Hitlerdiktatur hatte 12 Jahre gedauert. 1958 spricht die Welt von einem deutschen Wirtschaftswunder. Die Fünftagewoche kommt in Sicht. Andererseits eskaliert der Kalte Krieg. Chruschtschow will Westberlin, das ihm immer ein Dorn im Auge blieb, praktisch in die DDR – sprich den Ostblock – einverleiben und stellt ein Ultimatum. Die Westmächte geben jedoch nicht nach. Aber der Konflikt bleibt und in dieser Spannung zwischen wirtschaftlichen Erfolgen und politischer Unruhe wächst nach dem Motto: Wer weiß, wie lange wir noch reisen können, die Lebensgier, das Bedürfnis, so viel wie möglich noch

mitzubekommen, mitzuerleben. In diesem Kontext entsteht bei den Deutschen der Wunsch nach einem Zweiturlaub; also nicht nur im Sommer, sondern auch im Winter zu verreisen. Spektakuläre Westerfolge deutscher Wintersportler üben eine zusätzliche Anziehungskraft aus: Ossi Reichert im Skisprung, Gundi Busch im Eiskunstlauf, Ria und Paul Falk im Paarlauf und Anderl Ostler im Bob.

*St. Moritz – Graubünden Schweiz, 1958*
St. Moritz, einer der berühmtesten Wintersportorte der Erde, ist jetzt auch für deutsche Winterurlauber nicht mehr unerreichbar. In den Nobelhotels und exklusiven Chalets tummelt sich der Hoch- und Geldadel, aber bei 12 700 Betten des Ortes finden – dank der begehrten D-Mark – auch normalbürgerliche Gäste Platz.
Der Fotograf erfaßt in einer Straße in St. Moritz eine Gruppe deutscher Touristen, die tief durchatmen, die Höhenluft und den Anblick einer vom Krieg völlig verschonten Ortschaft genießen.

*Oberstdorf* (unten)
Zehn Jahre bevor die Deutschen wieder in die Schweiz fahren konnten, übten sie in heimatlichen Gefilden den Wintersport. Nach der Währungsreform gab es von München und Stutt-

gart aus bald die ersten Sonderzüge nach Oberstdorf mit der Weiterfahrt zum Nebelhorn. Unser Bild zeigt einen Berliner, der zum ersten Mal in den Alpen auf Skiern steht. Er war eingeladen worden und – obwohl in Reisekleidung mit Hut und normalen Schuhen – wollte er natürlich das Skifahren probieren. Im Fotoalbum steht zu diesem Bild: Sensation auf dem Nebelhorn „Balina auf Schiern". Nach dem heimatlichen Motto: „Immer durch den Grunewald, die Dachsberge runter".

*Foto S. 61 oben*
Wer im Ortsteil St. Moritz-Bad, einem Heilbad mit einer Kohlensäurequelle und mit Moorbädern seinen Urlaub verbringt, kann sich mit dem Pferdeschlitten ins Ortszentrum kutschieren lassen. Die Kutscher warten auf Kundschaft. Nach dem Abendessen mit Schweizer Fendant und einem Verdauungspflümli werden bestimmt Gäste kommen, um warm in Decken verpackt durch die klirrende Kälte ins Quartier gebracht zu werden.

*Ankunft auf der Coviglia-Höhe von St. Moritz aus (oben)*
St. Moritz liegt 1810 Meter hoch. Mit der Standseilbahn kommt man noch 679 Meter höher, zur Coviglia-Höhe. Wem diese 2 489 Meter mit einer herrlichen Aussicht und einer tollen Abfahrt immer noch nicht genügen, kann anschließend mit der Seilbahn auf den Piz Nai mit über 3 000 Metern gelangen. Die meisten Seilbahnfahrer sind Skiläufer. Auch der korpulente Herr freut sich offensichtlich in Erinnerung jugendlicher Jahre auf die Abfahrt.

*Im Skilaufgebiet von St. Moritz (S. 63)*
Endlich auf dem Bergplateau angekommen, werden die Halteriemen von den Skiern gelöst. Auf dem Gesicht der charmanten Skiläuferin ist Erwartungsfreude abzulesen. Der Mann links im Vordergrund scheint zu denken: Na, schaun mer mal. Althergebrachte Skibindungen und einfache Stiefel geben den Standart der fünfziger Jahre wieder. Die Kleidung ist ordentlich, aber mehr schwarz und grau, als ob sich die Läufer tarnen wollten. Der Pfahl mit den Richtungsschildern, den ein Läufer studiert, zeigt die Vielfalt der möglichen Abfahrtsrouten. Die Morgensonne wirft noch weite Schatten. Wenn alles gut läuft, kommt „Après Ski" bestimmt. „Der Winter bringt viel Freud, das wissen alle Leut..."

2 ROMINGER-RUN
15
OPEL-RUN
4 NATER RUN
14
3
AKADEMIK
RUN
ZWETS
A-RUN
SUVRETTA
STANDARD-
ALP GIOP-ST
RITZ
6
Corviglia-SKIHÜTTE
CORVIGLIA SKIHÜTTE PIZ NAIR